ANA BELÉN GARCÍA NARANJO

APULEYO EDICIONES   FOMENTO DE VALORES   CUENTOS ILUSTRADOS

EL DRAGÓN, LA MONTAÑA Y EL RATONCITO

APULEYO EDICIONES   FOMENTO DE VALORES   CUENTOS ILUSTRADOS

Érase una vez un dragón que vivía en una cueva con sus papás. Un día, pasó por allí un ratoncito y vio que el dragón estaba muy triste y le dijo:

—Hola, dragón. ¿Por qué estás tan triste?

Y el dragón le respondió:

—Resulta que mi papá me ha prometido que me regalaría una mascota si iba volando hasta esa gran montaña.

—¿Y eso por qué es un problema? —preguntó el ratoncito—. Los dragones voláis muy bien.

Y el dragón, cabizbajo, le respondió:

—Sí, los dragones vuelan muy bien... pero mira mis alas; son demasiado pequeñas.

—¿Y por qué son así?

—Pues, porque cuando era pequeñito, mi papá y mi mamá me decían que comiera muchas verduras, frutas, carne y pescado, pero yo no les hacía caso.

El ratoncito, entristecido, se puso a pensar. De repente le dijo al dragón:

—Sabes qué, dragoncito. Tengo una idea: usaremos esos palos y unas bolsas para hacerte unas alas muy grandes para que puedas volar hasta la gran montaña.

Y los dos muy animados se pusieron manos a la obra para construir sus nuevas alas. Cuando terminaron, el dragón le dijo a su pequeño amigo:

—¿Tú crees que podré volar con estas alas?

Y el ratoncito le respondió:

—Claro que sí. Todo lo que tienes que hacer es saltar por este precipicio cuando yo cuente hasta tres. Si llegas a la gran montaña, silbarás una vez y si no lo consigues, silbarás dos veces, y así sabré que debo ir a rescatarte.

—¡Vale! Así lo haré —respondió el dragón.

Sin pensarlo dos veces, los dos animalitos se acercaron al borde del precipicio. Una vez allí, el ratoncito contó hasta tres como habían acordado y el dragón saltó.

Al principio, parecía que el dragón podría conseguirlo y se mantuvo por un tiempo en el aire, pero, poco después, una de las alas se rompió y después la otra. Entonces, el pobre dragón empezó a caer y a caer. Aunque, por suerte, el pequeño dragón se quedó enganchado a la copa de un frondoso árbol con una de las alas que habían construido.

Al no haber alcanzado la gran montaña, el dragoncito silbó dos veces:

—¡Phewww, phewww!

«¿Qué? —se preguntó el ratoncito—. Me ha parecido oír dos silbidos. Debe haber sido mi amigo dragón, que no ha conseguido alcanzar la gran montaña. Voy a buscarlo para rescatarlo».

Ni corto ni perezoso, el pequeño roedor salió corriendo en busca de su amigo y con sus afilados dientecitos partió las cuerdas enganchadas en el árbol y consiguió bajar a su amigo.

—¿Cómo es posible que estés tan gordito si no comías de pequeño? Así no te han podido sujetar tus nuevas alas.

—Pues... resulta que, como te decía yo, no comía ni verduras, ni fruta, ni carne, ni pescado y por eso mis alas no crecieron. Pero sí comía muchas golosinas, chucherías y helados... De ahí que tenga un cuerpo tan pesado.

—¡Vaya, vaya! —exclamó el ratoncito, asombrado—. Esto no puede ser. Enséñame tus dientes.

—Mejor no, que te vas a reír de mí —respondió el dragón, avergonzado.

—Venga, prometo no reírme.

Entonces, el pequeño dragón, un poco sonrojado, abrió la boca y enseñó sus dientes a su pequeño amigo.

—¡Ay, ay, ay! Lo sabía —exclamó el ratoncito—. ¿Ves? Tienes las muelas picadas y ¡hasta te falta un diente! Así no puedes seguir.

Después de comer, siempre hay que cepillarse los dientes.

—Ya lo sé —respondió el dragón—, pero es que ¡me da tanta pereza!

—A partir de ahora prométeme que lo harás.

—Te lo prometo —dijo el dragón un poco apesadumbrado.

—Pero no te preocupes, dragoncito. No se me ha olvidado que quieres volar hasta la gran montaña.

—Ya... pero es imposible. Con este cuerpo tan gordito y estas alas tan pequeñas y flacuchas nunca lo conseguiré.

—De eso nada —dijo el ratoncito, muy dispuesto—. Tengo otra idea.

—¿Ah sí?

—Sí, ¿te has fijado alguna vez en qué tienen los pájaros en sus alas?

—Pues, no sé... ¿A qué te refieres? —preguntó el dragón, muy intrigado.

—Están cubiertas de plumas y estas hacen que sean muy ligeros y puedan surcar el cielo.

—Tienes razón, pero yo no tengo plumas, tengo escamas.

—Ya lo sé, ven conmigo.

Y los dos animalitos se dirigieron a una granja que había por allí cerca.

—¿Y qué hacemos aquí? —preguntó el dragón.

—Ahora lo verás. Si cubrimos tu cuerpo y

tus alas con plumas, serás más ligero y así podrás volar.

Y los dos amigos empezaron a recoger las plumas que se les habían caído a las gallinas y a los patos que había en la granja.

Después, el ratoncito sacó un tarro de miel que llevaba en su bolsillo y le fue pegando todas las plumas encontradas por el cuerpo y las alas del dragón.

—Ya estás listo. Vayamos al precipicio para volver a intentarlo. Recuerda: cuando yo cuente hasta tres, tú saltarás y si llegas a la gran montaña, silbas una vez y si no lo logras, silba dos veces para que pueda ayudarte. ¿Vale?

—Sí, ratoncito, así lo haré. ¡Tengo tantas ganas de tener una mascota que me acompañe y con quien jugar!

Pronto los dos amigos llegaron al mismo precipicio del que antes había saltado el dragón sin mucho éxito y el ratoncito animó a su amigo:

—Venga, esta vez lo conseguirás. ¿Estás listo?

—Sí, pero... yo no sé si será suficiente con estas plumas para que vuele.

—No te preocupes, si no lo consigues, ya sabes lo que tienes que hacer: silba dos veces. No pierdes nada por intentarlo.

—De acuerdo.

Y los dos animalitos se pusieron a contar:

—¡A la de una, a la de dos y a la de treees!

Y así el dragón pegó un gran salto, tan grande que al principio, en efecto, parecía que volaba, pero pronto comenzó a descender y a descender... Por suerte, esta vez cayó en un río y así no se lastimó. Así que sin mucha demora, el ratón volvió a escuchar dos silbidos.

—¡Pheww! ¡Phewww!

«¡Vaya! —pensó el ratón—, parece que lo de las plumas tampoco ha funcionado. Iré a socorrer a mi amigo».

No mucho después, el ratoncito encontró al dragón empapado y todavía con alguna pluma pegada por el cuerpo, pero, sobre todo, lo encontró muy pero que muy triste.

Nunca conseguiría volar hasta la gran montaña y mucho menos tener su mascota para quererla y cuidarla.

—No llores, querido amigo —le dijo el ratón al verlo.

—¡Nunca podré volar! Si hubiera hecho caso a mis padres y hubiera comido de todo cuando era pequeño, ahora tendría unas alas fuertes y volaría por todas partes y mi papá me regalaría la mascota que tanto quiero.

De repente, la carita del pequeño ratón se iluminó y gritó:

—¡Ya lo tengo! Ya sé cómo puedes volar.

—¿Cómo? —preguntó el dragón, muy extrañado.

—Lo que tú necesitas es comer verduras, frutas, carne, pescado y tomar leche. Así tus alas crecerán y podrás volar muy alto, hasta la gran montaña y más allá.

—¿Tú crees?

—Claro que sí. Espera un momento, enseguida vuelvo.

El pequeño dragón se quedó esperando al ratoncito, pensando en la nueva idea que había tenido su amigo. No había nada que le hiciese más ilusión que llegar a la gran montaña y tener una mascota a la que cuidar y con quien compartir su tiempo.

Al poco apareció el ratoncito con una enorme bandeja llena de riquísimas frutas, verduras, carne de varios tipos y pescados deliciosos, muchos zumos y leche para su amigo.

—¡Aquí tienes! Come estos manjares y verás cómo te crecen las alitas.

Y el dragoncito se puso a comer de todo, fue conociendo sabores nuevos y descubrió que no solo le ayudarían, sino que, además, esa comida estaba riquísima.

Paso a paso, empezaron a notar que las pequeñas y flacuchas alas del dragón iban creciendo y haciéndose más y más grandes, hasta tener un aspecto muy fuerte y lustroso. Ambos animales comenzaron a celebrarlo:

—¡Hurra! ¡Hurra! ¡Lo hemos conseguido!

De repente, el ratoncito se paró y dijo:

—¡Un momento! Antes de continuar, tienes que lavarte los dientes muy bien o si no, se te caerán más y no podrás disfrutar de estas comidas tan ricas.

—Tienes razón —admitió el dragón y se puso a cepillarse los dientes con mucha alegría.

Una vez que estos estaban relucientes, se enjuagó la boca y escupió. Se le veía radiante y lleno de energía.

—¡Muy bien! —dijo el ratoncito—. Ahora debemos apresurarnos al precipicio para intentarlo de nuevo.

—Sí, vayamos allí —afirmó el dragón—. Pero para fortalecer mis nuevas alas, yo iré volando a tu lado, así luego no caeré.

—¡Buena idea! —exclamó el ratoncito.

Y los dos fueron muy contentos y esperanzados hasta el precipicio.

—¿Estás preparado? —preguntó el ratón.

—Creo que sí —respondió el dragón con sus dos flamantes nuevas alas, quien, después del festín que se había dado, se sentía con mucha energía y vitalidad.

—Pues comencemos a contar. Ya sabes: si llegas a la gran montaña, silba una vez, y si no lo consigues, dos, e iré a por ti.

—De acuerdo, amigo, así lo haré.

Los dos contaron hasta tres y el dragoncito saltó. Esta vez, aunque algo inseguro al principio, comenzó a volar muy pero que muy alto entre las nubes, tanto que su amiguito lo perdió de vista, pero pronto alcanzó la cima de la gran montaña.

Lleno de alegría silbó muy fuerte a su amigo, pero una sola vez. Esta vez sí lo había logrado. Al oír el silbido, su papá se alertó y fue volando hacia la gran montaña también. Al ver allí a su hijo se alegró y lleno de orgullo le dijo:

—Hijo mío, estoy muy orgulloso de ti. Has logrado volar hasta la gran montaña y, como te prometí, te regalaré una mascota para que sea tu fiel y leal amigo y nunca te separes de él.

El dragoncito, emocionado, se quedó un momento pensativo y después respondió a su papá:

—¿Sabes qué, papá? No necesito ninguna mascota.

Con todo este lío no me había dado cuenta de que ya tengo un fiel y leal amigo. Él me ha ayudado a llegar hasta aquí y juntos lo hemos logrado. Él será mi compañero y amigo.

Y el ratoncito, que en aquel momento llegaba al lugar, al escuchar esas pala-bras del dragón, corrió hasta él muy emocionado y los dos se fundieron en un gran abrazo.

© Ana Belén García Naranjo (de la obra)
©Apuleyo Ediciones (de esta edición)
Primera edición en Apuleyo Ediciones: septiembre 2024
Diseño de cubierta: Ernesto Pérez Martínez
Corrección: Aitor Andreu Guerrero
Maquetación: Sofía Corzo González
Ilustraciones: Paulo Haberman

Coordinación editorial: Isidoro Cidre González
info@apuleyoediciones.com
www.apuleyoediciones.com
ISBN: 978-84-1060-246-5
Depósito legal: H 235-2024

Hecho e impreso en España.

ANA BELÉN GARCÍA NARANJO

APULEYO EDICIONES   FOMENTO DE VALORES   CUENTOS ILUSTRADOS

EL DRAGÓN, LA MONTAÑA Y EL RATONCITO

APULEYO EDICIONES   FOMENTO DE VALORES   CUENTOS ILUSTRADOS